Doze noturnos da Holanda

Cecília Meireles

Doze noturnos da Holanda

Apresentação
Aristóteles Angheben Predebon

Coordenação Editorial
André Seffrin

São Paulo
2014

© Condomínio dos Proprietários dos Direitos Intelectuais de Cecília Meireles
Direitos cedidos por Solombra – Agência Literária (solombra@solombra.org)

1ª Edição, Global Editora, São Paulo 2014

- JEFFERSON L. ALVES
  Diretor Editorial

- GUSTAVO HENRIQUE TUNA
  Editor Assistente

- ANDRÉ SEFFRIN
  Coordenação Editorial,
  Estabelecimento de Texto,
  Cronologia e Bibliografia

- FLÁVIO SAMUEL
  Gerente de Produção

- JULIA PASSOS
  Assistente Editorial

- FLAVIA BAGGIO
  Revisão

- RETINA 78
  Capa

- EVELYN RODRIGUES DO PRADO
  Projeto Gráfico

A Global Editora agradece à Solombra – Agência Literária pela gentil cessão dos direitos de imagem de Cecília Meireles.

CIP BRASIL. Catalogação na fonte
Sindicato Nacional dos Editores de Livros, RJ

M453d

Meireles, Cecília, 1901-1964
    Doze noturnos da Holanda / Cecília Meireles ; apresentação Aristóteles Angheben Predebon ; coordenação editorial André Seffrin. – 1. ed. – São Paulo : Global, 2014.

    ISBN 978-85-260-1895-2

    1. Poesia brasileira. I. Predebon, Aristóteles A. (Aristóteles Angheben), 1979-. II. André, Seffrin. III. Título.

13-02821   CDD: 869.91
                                         CDU: 821.134.3(81)-1

Direitos Reservados
**Global Editora e
Distribuidora Ltda.**
Rua Pirapitingui, 111 – Liberdade
CEP 01508-020 – São Paulo – SP
Tel.: (11) 3277-7999 – Fax: (11) 3277-8141
e-mail: global@globaleditora.com.br
www.globaleditora.com.br

Obra atualizada conforme o Novo Acordo Ortográfico da Língua Portuguesa

*Colabore com a aprodução científica e cultural.
Proibida a reprodução total ou parcial desta obra sem
a autorização do editor.*

Nº de Catálogo: 3597

Acervo pessoal de Cecília Meireles

Sumário

A meditação noturna de Cecília Meireles – *Aristóteles Angheben Predebon* 9

Um [O rumor do mundo vai perdendo a força,] 17
Dois [Abraçava-me à noite nítida,] 19
Três [A noite não é simplesmente um negrume sem margens nem direções.] 21
Quatro [Em que longos abismos dançavam? Em que longos salões] 25
Cinco [Claro rosto inexplicável,] 27
Seis [E a noite passava sobre palácios e torres.] 29
Sete [Tudo jaz, diluído e cintilante, numa profunda névoa.] 31
Oito [Quem tem coragem de perguntar, na noite imensa?] 33
Nove [Vi teus vestidos brilharem] 35
Dez [Há muito mais noite do que sobre as torres e as pontes:] 37
Onze [Mas a pequena areia caminha com seu passo invisível;] 39
Doze [Sem podridão nenhuma, jazerá um afogado] 41

Cronologia 45
Bibliografia básica sobre Cecília Meireles 53

A meditação noturna de Cecília Meireles

Os *Doze noturnos da Holanda* vieram a lume originalmente em 1952, no Rio de Janeiro, após uma viagem de Cecília Meireles à Europa, e foram publicados em conjunto com O *Aeronauta*, suma do que experienciou a poeta em suas viagens aéreas. Em um só volume, são duas obras bastante distintas, o que à época chamou a atenção de críticos como Domingos Carvalho da Silva,[1] a ponto de encontrar ali uma oportunidade de reflexão sobre correspondências entre autor e seu instrumental de expressão. Ora são publicadas em separado, e interessa-nos antes apresentar a adequação entre o estilo, a matéria dos poemas e o *éthos* do poeta, que toma forma na linguagem mesma da obra.

Em nossa tradição poética, a noite é tema antigo; já Virgílio e Horácio a descrevem, por exemplo, como a hora quieta, em que age o sono. Em outros poemas, nos elegíacos, é a hora dos amores furtivos, em que o amante bate à porta da amada. Assim será tratada até que a subjetividade romântica faça dela uma noite interior, a quietude dê lugar à meditação, e que o tema ganhe autonomia como gênero poético, o noturno.

Esse termo, antes na música que na literatura, servia para designar um concerto ao ar livre e à noite; começava-se, assim, a definir o gênero pelo momento de execução, não propriamente por uma estrutura singular. Se foi John Field, no início do século XIX, o primeiro a usar esse nome em uma sua peça para piano, foram os noturnos de Chopin,

---

[1] SILVA, Domingos Carvalho da. "Verso, ritmo e expressão em Cecília Meireles". *Correio Paulistano*, 7 dez. 1952.

mais passionais e melancólicos, que vieram a servir de inspiração para a poesia. Neles se percebe um andamento que pode ser dividido em três partes, A-B-A, em que uma calma inicial é seguida de um andamento mais agitado e rápido, que dá lugar à terceira parte, com um tom novamente calmo e melancólico, que rememora a atmosfera inicial.

Apesar do esquema simplificado, em comparação com outros gêneros musicais que encontram sucedâneos na poesia, como o rondó e o vilancico, por exemplo, o noturno não tem sua forma bem definida e constante. Mercê de sua figuração vaga, ao tomar corpo na poesia adota forma vária, de acordo com a preferência ou o tom que cada poeta lhe atribui.

Assim, de modo geral, os poetas românticos o compõem em estrofes regulares e rimadas, como o "Noturno" de Fagundes Varela ("Minh'alma é como um deserto/ por onde o romeiro incerto/ procura uma sombra em vão […]"), ou mesmo Tasso da Silveira, que participou com Cecília da revista *Festa* ("Veleiro ao cais amarrado/ em vago balouço, dorme?/ Não dorme. Sonha, acordado,/ que vai pelo mar enorme,/ pelo mar ilimitado […]"), e Onestaldo de Pennafort, que com a poeta divide sua herança simbolista ("Anoitece./ O jardim solitário parece/ uma redoma de perfumes orientais./ Pelo velho silêncio da alameda, na água do lago feito de cristais,/ a lua é um cisne pálido, de seda..."). Outros ainda, como Gilka Machado, também colaboradora de *Festa*, compõem noturnos em forma de sonetos. No que diz respeito a Cecília, cabe lembrar que grande parte de seus poemas de tom meditativo buscam o afastamento de uma condição trivial, da vida em sociedade, e assim há que se distanciar também da linguagem cotidiana, coloquial, e da *blague*, por exemplo, tão cara aos modernistas. Diferente deles, Cecília não pretende negar a tradição poética em que se insere. A poeta, nesse sentido, encontra um lugar mais adequado entre os escritores que participavam da revista *Festa*, para a qual colabora desde o primeiro número, em 1º de agosto de 1927, ao lado de Tasso da Silveira, Andrade Muricy e Murillo Araújo, entre outros que, herdeiros do Simbolismo, davam guarida a questões filosóficas e espiritualistas.

Para além dos poemas dedicados ao tema da noite desde seu primeiro livro, em Cecília encontramos outros noturnos anteriores aos da Holanda: dois em *Viagem* e o terceiro em *Mar absoluto e outros poemas*. Vejamos a primeira estrofe deste último:

> Brumoso navio
> o que me carrega
> por um mar abstrato.
> Que insigne alvedrio
> prende à ideia cega
> teu vago retrato?

Em todos eles, há rimas, versos e estrofes regulares, em composição muito diferente dos noturnos da Holanda. Estes se diferenciam, com exceção do quinto, da maioria de suas composições, seja pelo verso mais longo, quase um versículo,[2] seja pela sintaxe mais solta, o uso de polissíndetos, pelas repetições e contínuas coordenações, como também pela ausência de rimas. Assim, se o leitor atentar não apenas para o ritmo e seus acentos, mas para o andamento dos poemas, verá que a todo momento esses artifícios o tornam menos luzidio, e que é este um efeito procurado, de maneira que não é a ausência de recursos, mas a escolha de procedimentos que fazem a linguagem mais íntima e indistinta como a própria noite. Quer a poesia chegar ao leitor sem ostentar adereços. Vejamos um trecho do terceiro noturno:

---
[2] Ibidem.

> Então, a noite levava-me... – por altas casas, por súbitas ruas,
> e sob cortinas fechadas estavam cabeças adormecidas,
> e sob luzes pálidas havia mãos em morte,
> e havia corpos abraçados, e imensos desejos diversos,
> dúvidas, paixões, despedidas,
> – mas tudo desprendido e fluido,
> suspenso entre objetos e circunstâncias,
> com destrezas de arco-íris e aço.

Essas características concorrem não apenas para uma espécie de atmosfera noturna, mas para a conformação de um *éthos* meditativo, livre de amarras, das coisas e objetos que a luz do dia define. Ou melhor, podemos dizer que esse modo de meditar resulta propriamente de um caráter que ganha corpo com a noite: "Os *Noturnos* foram escritos na Holanda, e sempre à noite, e são a lembrança das minhas conversas com a noite, naquele mundo nascido da água",[3] diz a poeta em entrevista a Domingos Carvalho da Silva. Assim, enquanto nossa tradição de noturnos veicula uma meditação sobre a noite, seu silêncio e uma espécie de comunhão de soledade entre os seres, a poesia de Cecília faz-se noturna, não apenas pelo que diz, mas em como o diz.

Se recorrermos a um tratado de estética musical, que veio a lume em pleno Romantismo, encontraremos a descrição dessas características na música. O noturno, para Ferdinand Hand, "remete a uma atmosfera particular, composta de um tom sentimental em que o mundo exterior, envolto na obscuridade ou iluminado por uma luz crepuscular, não fala diretamente à fantasia, mas deixa livre espaço para os estados da alma, de modo que tudo se volta, assim, para o

---

[3] Idem. "Ludibriado, mal servido e desiludido – o público pelos críticos da poesia". *O Tempo*, 22 jun. 1952. Cecília também se refere aos noturnos e à forte impressão que lhe causou a Holanda em outro depoimento, dado a Eneida, em reportagem para o *Diário de Notícias* de 13 de março de 1952, sob o título "Um grande poeta: Cecília Meireles".

interior".[4] É preciso lembrar que o termo fantasia se relaciona com o grego /*phaos*/, "luz", "claridade", com o verbo /*pahino*/, "tornar visível", "mostrar", e com o termo latino imaginação. Assim, nos noturnos de Cecília, não cabe procurar uma poesia cheia de imagens e metáforas, mas antes a musicalidade intimamente reflexiva.

E é com este andamento melódico dos noturnos que se recupera a conformação em A-B-A de um noturno musical; não se pensarmos em um dos doze poemas isolado, mas em seu conjunto, a que a própria poeta se refere como um só poema, na mesma entrevista mencionada acima. Neste poema que são os *Doze noturnos da Holanda*, versos presentes no segundo e terceiro noturnos são retomados no décimo. No meio da sequência, o quinto noturno introduz um ritmo mais ágil, de versos curtos de sete sílabas, com rimas. É o único noturno rimado, o momento mais vívido e luminoso:

> Claro rosto inexplicável,
> límpido rosto de outrora,
> quase de água, só de areia,
> o que vai seguindo a noite,
> pelas nuvens, pelas dunas,
> desmanchado no ar do outono,
> dolorido e sorridente,
> livre de amor e de sono...

Em seguida, até o oitavo noturno, retorna-se ao ritmo mais constante do poema; o nono, de versos breves, mas já sem rimas, como que um segundo momento de agitação, para depois retornar aos versos longos, como de início. No décimo noturno, em versos como "e murmurava aos seus ouvidos sucessivos:/ 'Não quero mais dormir, nunca mais...

---

[4] HAND, Ferdinand. "Noturno". In: ____. *Estética da arte musical, ou o belo na música*. Iena, 1841, p. 313.

nunca..."' rememoram-se versos semelhantes do segundo, como ao fim nos noturnos de Chopin, em uma evocação nostálgica do início da composição.[5]

O décimo primeiro noturno, marcado pela repetida oposição de "mas" no início dos versos, começa a transição para o dia; por fim, a imagem do afogado – comum ao "Noiturno do adoescente morto", de García Lorca, e ao "Noturno oprimido", de Drummond – "recostado em sua própria claridade" é já um prenúncio da manhã.

Aristóteles Angheben Predebon

---

[5] Não é comum, nos noturnos em poesia, encontrar uma referência explícita aos noturnos musicais. Um exemplo, porém, é o próprio título do poema "Noturno em lá menor", de Péthion de Villar.

Doze noturnos da Holanda

Um

O rumor do mundo vai perdendo a força,
e os rostos e as falas são falsos e avulsos.
O tempo versátil foge por esquinas
de vidro, de seda, de abraços difusos.

A lua que chega traz outros convites:
inclina em meus olhos o celeste mapa,
desmorona os punhos crispados do dia,
desenha caminhos, transparente e abstrata.

Árvores da noite... Pensamento amante...
– Transporta-me a sombra, na altura profunda,
aos campos felizes onde se desprende
o diurno limite de cada criatura.

É a noite sem elos... Inocência eterna,
isenta de mortes e natividades,
pura e solitária, deslembrada, alheia,
mudamente aberta para extremas viagens.

Eu mesma não vejo quem sou, na alta noite,
nem creio que SEJA: perduro em memória,
à mercê dos ventos, das brumas nascidas
nos dormentes lagos que ao luar se evaporam.

Recebo teu nome também repartido,
quebrado nos diques, levado nas flores...
Quem sabe teu nome, – tão longe, tão tarde,
tão fora do tempo, do reino dos homens...?

Dois

Abraçava-me à noite nítida,
à alta, à vasta noite estrangeira,
e aos seus ouvidos sucessivos murmurava:
"Não quero mais dormir, nunca mais, noite, esparsas
nuvens de estrelas sobre as planícies detidas,
sobre os sinuosos canais, balouçantes e frios,
sobre os parques inermes, onde a bruma e as folhas ruivas
sentem chegar o outono e, reunidas, esperam
sua lei, sua sorte, como as pobres figuras humanas."

E aos seus ouvidos sucessivos murmurava:
"Não quero mais dormir, nunca mais, quero sempre
mais tempo para os meus olhos, – vida, areia, amor
                              [profundo... –
conchas de pensamentos sonhando-se desertamente."

E a noite dizia-me: "Vem comigo, pois, ao vento das dunas,
vem ver que lembranças esvoaçam na fronte quieta do
                              [sono,
e as pálpebras lisas, e a pálida face, e o lábio parado
e as livres mãos dos vagos corpos adormecidos!"
"Vem ver o silêncio que tece e destece ordens sobre-
                              [-humanas,
e os nomes efêmeros de tudo que desce à franja do
                              [horizonte!
Oh! os nomes... – na espuma, na areia, no limite incerto
                              [dos mundos,
plácidos, frágeis, entregues à sua data breve,
irresponsáveis e meigos, boiando, boiando na sombra das
                              [almas,
suspiro da primavera na aresta súbita dos meses..."

E a linguagem da noite era velhíssima e exata.
E eu ia com ela pelas dunas, pelos horizontes,
entre moinhos e barcos, entre mil infinitos noturnos
[leitos.

Meus olhos andavam mais longe do que nunca,
voavam, nem fechados nem abertos,
independentes de mim,
sem peso algum, na escuridão,
e liam, liam, liam o que jamais esteve escrito,
na rasa solidão do tempo, e sem qualquer esperança,
– qualquer.

Três

A noite não é simplesmente um negrume sem margens
[nem direções.
Ela tem sua claridade, seus caminhos, suas escadas, seus
[andaimes.
A grande construção da noite sobe das submarinas
[planícies
aos longos céus estrelados
em trapézios, pontes, vertiginosos parapeitos,
para obscuras contemplações e expectativas.

Então, a noite levava-me... – por altas casas, por súbitas
[ruas,
e sob cortinas fechadas estavam cabeças adormecidas,
e sob luzes pálidas havia mãos em morte,
e havia corpos abraçados, e imensos desejos diversos,
dúvidas, paixões, despedidas,
– mas tudo desprendido e fluido,
suspenso entre objetos e circunstâncias,
com destrezas de arco-íris e aço.

E os jogadores de xadrez avançavam cavalos e torres,
na extremidade da noite, entre cemitérios e campos...
– mas tudo involuntário e tênue –
enquanto as flores se modelavam e, na mesma obediência,
os rebanhos formavam leite, lã,
eternamente leite, lã, mugido imenso...
Enquanto os caramujos rodavam no torno vagaroso das
[ondas
e a folha amarela se desprendia, terminada: ar, suspiro,
[solidão.

A noite levava-me, às vezes, voando pelos muros do
                                            [nevoeiro,
outras vezes, boiando pelos frios canais, com seus calados
                                            [barcos
ou pisando a frágil turfa ou o lodo amargo.

E belas vozes ainda acordadas iam cantando
                                            [casualmente.
E jovens lábios arriscavam perguntas sobre dolorosos
                                            [assuntos.
Também os cães passavam com sua sombra, lúcidos e
                                            [pensativos.
E figuras sem realidade extraviadas de domicílios,
atravessadas pela noite, pela hora, pela sorte,
flutuavam com saudade, esperando impossíveis
                                            [encontros,
em que países, meu Deus, em que países além da terra,
ou da imaginação?

A noite levava-me tão alto
que os desenhos do mundo se inutilizavam.
Regressavam as coisas à sua infância e ainda mais longe,
devolvidas a uma pureza total, a uma excelsa
                                            [clarividência.

E tudo queria ser novamente. Não o que era, nem o que
                                            [fora,
– o que devia ser, na ordem da vida imaculada.
E tudo talvez não pensasse: porém docemente sofria.

Abraçava-me à noite e pedia-lhe outros sinais, outras
                                            [certezas:
a noite fala em mil linguagens, promiscuamente.

E passava-se pelo mar, em sua profunda sepultura.
E um grande pasmo de lágrimas preparava palavras e
[sonhos,
essas vastas nuvens que os homens buscam...

Quatro

Em que longos abismos dançavam? Em que longos salões
belos rostos sorriam, tão loucos,
tão infelizes, entre ouro e seda – lavor do esquecimento! –
e os cristais e o lume erguido e móvel
no caule de cera das flores unipétalas?

Ah... também pareciam vivas as sombras deslizantes
nos límpidos, impecáveis, para sempre vazios espelhos,
brilhantes jardins fictícios, de enganoso pórtico.

A noite arrastava-me, e dizia:
"Meu caminho é sempre além de tudo:
que vêm a ser estes olhos e estes lábios e estas mãos
                                      [cintilantes?
E estas danças, – por onde deslizam, que vêm a ser, se
                                      [desenrolo
meus repentinos aposentos?
E estas sombras que farão, se de repente fecho
as minhas límpidas portas?"

A noite elevava-me em si como água dócil de imenso
                                      [moinho.
E comigo rodava por seu mundo silencioso e liberto.
Não havia mais nada: somente seu poder, sua
                                    [grandeza, sua solidão.
Era deserta, ausente, e, ao mesmo tempo, repleta e
                                      [palpitante.
Alastrava e secava miragens, e não ficavam mais vestígios.
E era uma estranha surdez, penetrante,
sorvendo todas as falas e músicas.

Cinco

Claro rosto inexplicável,
límpido rosto de outrora,
quase de água, só de areia,
o que vai seguindo a noite,
pelas nuvens, pelas dunas,
desmanchado no ar do outono,
dolorido e sorridente,
livre de amor e de sono...

Pobre rosto quase em cinza,
transformado no nevoeiro
em flor de sal e de vento,
com seu perfil estrangeiro.

O mar do Norte está perto,
pelas dunas abraçado.
E vê passar esse rosto
de si mesmo deslembrado.
Entre as estrelas e a lua,
passa pelo mar do Norte
um breve rosto sem datas,
curta pétala de morte.

Passa já de olhos fechados...
Intermináveis cortinas,
silêncio da água nas flores,
versões de coisas divinas...

Seis

E a noite passava sobre palácios e torres.
Mas tudo era idêntico à planície,
pois a noite voa muito longe,
e as altitudes ficam esmaecidas.

Sim, a noite podia ser um barco imenso,
com um vago sentimento de tristeza
encrespando-lhe nos flancos silenciosa espuma exígua
e bordando-lhe a passagem de suspiros.

Porque tudo não era igual,
– ah! como se sentia que tudo jamais seria igual,
apesar da distância, da altura, do silêncio...
– porém tudo era equivalente,
equivalente e provisório:
espada, música, cifra, lágrima, pássaro nas dunas.

E ao mesmo tempo era belo,
e a uniforme, aparente fraternidade
inclinava tudo num unânime sono.

E as ideias desmanchavam-se em galerias obscuras,
porque a noite passava cada vez mais longe,
e tudo quanto ao sol toma relevo
na noite é mundo submerso, nevoento e generalizado.

E eu me sentia à proa da noite,
envolta naquele sopro melancólico,
eflúvio da humana reflexão.

E desejava mergulhar, descer por aquela torrente de
                              [sombra,
sentir os sonhos, ardentemente,
em cada casa, em cada quarto,
entre os cabelos esparsos nos largos travesseiros.

Mas o sonho é uma propriedade inefável:
e nem se poderia sentir a sua exalação,
como nas flores, ao menos, essa notícia, que é o perfume,
ou seu movimento,
como, às vezes, na pequena palavra que se confessa,
na pequena lágrima que, às vezes, cai.

Os sonhos não pertencem nem às cabeças adormecidas:
porque a noite os absorve, leva, anula,
ou continua, transfere, confunde,
– longe, alta, poderosa, inumana.

Sete

Tudo jaz, diluído e cintilante, numa profunda névoa.
Nada, porém, se perde ou esquece, embora tão finamente
disperso nessa grandeza.
Gastam-se as imagens e os símbolos; mas a essência resiste.
Realejos e sinos vibram, com as hélices, os cânticos e os
[gritos,
e tudo é som, naqueles silenciosos corredores,
e a doce luz habita mil esconderijos,
tal como foi em seus inúmeros momentos,
em olhos, flor, seda, chaga e pedra preciosa.
E em diáfanas balanças pairam diamante e pólen,
bibliotecas e arsenais.

Tudo se encontra nesta bruma:
o burburinho histórico, a vítima e o carrasco;
a melodia da sereia nórdica, à proa do barco da conquista;
plumas e arcabuzes,
o passo do fantasma por aéreas escadas,
praga e suspiro, acontecimento e remorso...

Tudo paira na estrutura da noite,
em seus arquivos superpostos.

Tão longe vai o rastro exíguo das gaivotas
como o odor das praias e o rumor grandioso das máquinas.
Rarefeita anatomia da paisagem,
onde cada elemento se faz translúcido,
frágil e rijo como a asa dos insetos e a flexão do pensamento.

Finíssimas pontes transpõem a noite:
desenhos agudos prendendo as disjunções.

E quem segura a noite, assim carregada desses escombros
que à luz do sol parecem grandiosos bens indispensáveis?

Homem, objeto, fato, sonho,
tudo é o mesmo, em substância de areia,
tudo são paredes de areia, como neste solo inventado:
mar vencido, fauna extenuada, flora dispersa,
tudo se corresponde:
zune o caramujo na onda com o mesmo som do lábio de
                                                         [amor
e da voz de agonia.
Os abraços, as nuvens, o outono pelo parque
têm o mesmo gesto, grave, precário, fluido.

Ah, e os louros cabelos cariciosos, e a luminosa pálpebra,
e as raízes pertinazes, e os ossos foscos,
e a minha deslumbrada vigília
e a memória do universo
tudo está ali, mais a luz confusa que envolve a lua,
mais o clarão do polo e as híbridas águas,
e tudo se desfolha sobre lugares invisíveis
num outro reino que apenas a noite alcança.

Oito

Quem tem coragem de perguntar, na noite imensa?
E que valem as árvores, as casas, a chuva, o pequeno
[transeunte?

Que vale o pensamento humano,
esforçado e vencido,
na turbulência das horas?

Que vale a conversa apenas murmurada,
a erma ternura, os delicados adeuses?

Que valem as pálpebras da tímida esperança,
orvalhadas de trêmulo sal?

O sangue e a lágrima são pequenos cristais sutis,
no profundo diagrama.
E o homem tão inutilmente pensante e pensado
só tem a tristeza para distingui-lo.

Porque havia nas úmidas paragens
animais adormecidos, com o mesmo mistério humano:
grandes como pórticos, suaves como veludo,
mas sem lembranças históricas,
sem compromissos de viver.

Grandes animais sem passado, sem antecedentes,
puros e límpidos,
apenas com o peso do trabalho em seus poderosos flancos
e noções de água e de primavera nas tranquilas narinas
e na seda longa das crinas desfraldadas.

Mas a noite desmanchava-se no oriente,
cheia de flores amarelas e vermelhas.
E os cavalos erguiam, entre mil sonhos vacilantes,
erguiam no ar a vigorosa cabeça,
e começavam a puxar as imensas rodas do dia.

Ah! o despertar dos animais no vasto campo!
Este sair do sono, este continuar da vida!
O caminho que vai das pastagens etéreas da noite,
ao claro dia da humana vassalagem!

Nove

Vi teus vestidos brilharem
sem qualquer clarão do dia.
Disseram ser luz de flores,
flores de campos extensos,
cujos nomes nem sabiam...

Vi teu rosto luminoso
inclinar-se em meu silêncio.
Mas disseram ser a lua,
prismas de estrelas, areias,
marinha fosforescência...

E tua voz me falava
em grandes raios profusos.
Mas diziam ser o vento,
o outono pelas ramagens,
o idioma cego dos búzios...

E andei contigo em minha alma
como os reis levam coroas
e as mães carregam seus filhos
e o mar o seu movimento
e a floresta seus aromas.

Diziam que era da noite,
da miragem dos desejos...

Hei de banhar os meus olhos
nas mil ribeiras da aurora,
para ver se ainda te vejo.

Dez

Há muito mais noite do que sobre as torres e as pontes:
e dela se avistam de outra maneira os longos prados
[sucessivos,
o limo, as conchas, os frágeis esqueletos,
a crespa vaga paralisada em húmus,
despedida para sempre do mar.

Para quem trabalha o flamejante universo?
Para quem se afadiga amanhã o corpo do homem
[transitório?
Para quem estamos pensando, na sobre-humana noite,
numa cidade tão longe, numa hora sem ninguém?
Para quem esperamos a repetição do dia,
e para quem se realizam estas metamorfoses,
todas as metamorfoses,
no fundo do mar e na rosa dos ventos,
numa vigília humana e na outra vigília,
que é sempre a mesma, sem dia, sem noite,
incógnita e evidente?

Abraçava-me à noite nítida,
à exata noite que aparece e desaparece no seu justo limite,
à noite que existe e não existe,
e murmurava aos seus ouvidos sucessivos:
"Não quero mais dormir, nunca mais... nunca..." E a noite
levava meus olhos e meu pensamento,
levava-os, entre as estrelas antigas,
entre as estrelas nascentes,
– e eram muito menores
que as letras das palavras do meu grito.

Onze

Mas a pequena areia caminha com seu passo invisível;
do cristal quebrado, da montanha submersa,
a areia sobe e forma paisagens, campos, países...

Mas o esquema do peixe e da concha modela seus
[desenhos
e desenrola-se a anêmona,
e o fundo do mar imita o inalcançável firmamento.

Mas a flor está subindo, próxima,
cheia de sutis arabescos.

Mas a água está palpitando entre o polo e o canal,
viva e sem nome e sem hora.

Mas o sonho está sendo alargado como as imensas redes,
ao vento do mundo, à espuma do tempo,
e todas as metamorfoses caídas aí se agitam,
resvalando entre as malhas muito exíguas
que separam o que é vida do que é morte.

E a mão que dorme está sendo lavrada pela noite,
pela noite que conhece todas as veias,
que protege e destrói pétala e cartilagem,
a pequena larva da água
e o touro que investe contra o nascer do dia...

Porque o dia vem.
E a nossa voz é um som que se prolonga,
através da noite.
Um som que só tem sentido na noite.
Um som que aprende, na noite,
a ser o absoluto silêncio.

Doze

Sem podridão nenhuma, jazerá um afogado
nos canais de Amsterdão.

Quem passar entre as casas triangulares,
quem descer estas breves escadas,
quem subir para as barcas oscilantes,
repetirá perplexo:
"Há um claro afogado nos canais de Amsterdão".

É um pálido afogado, sem palavras nem datas,
sem crime nem suicídio, um lírico afogado,
com os olhos de cristal repletos de horizontes móveis,
e os longínquos ouvidos recordando na água trêmula
realejos grandes como altares,
festivos carrilhões,
mansos campos de flores.

Sem podridão nenhuma,
jazerá um afogado nos canais de Amsterdão.

Os lapidários podem vir mirar seus olhos:
não houve esmeralda assim, nem diamante, nem ditosa
[safira.
Mas ninguém pode tocar nesses olhos transparentes,
que se tornariam viscosos e opacos, fora desse descanso
onde encantados cintilam.

Poderão os profetas vir mirar seus finos vestidos:
bordados de mil desenhos comuns e desconhecidos;
ah! seus vestidos de água, com todas as miragens do
[mundo,
seus tênues vestidos como não há nos museus, nos
[palácios
nem nas sinagogas...
Mas não se pode tocar nesse ouro, nessa prata,
nessa resplandecente seda:
pois apenas se encontraria limo, areia, lodo.
Porque a morte é que o veste dessa maneira gloriosa,
a morte que o guarda nos braços como um belo defunto
[sagrado.

Sem podridão nenhuma, jazerá um afogado
nos canais de Amsterdão.

Para sempre jazerá, e quem quiser pode vir vê-lo,
com seus cabelos estrelados,
com suas brandas mãos flutuantes, livres de tudo,
sem qualquer posse,
com sua boca de sorriso outonal, cor de libélula,
e o coração luminoso e imóvel, detido como grande joia,
como o nácar mutável, pela inclinação das horas.

Todo o mundo o verá, com lua, com chuva, com escuridão,
navegar nos canais, recostado em sua própria leveza e
[claridade.

Sem podridão nenhuma,
jazerá um afogado nos canais de Amsterdão.

E eu sei quando ele caiu nessas águas dolentes.
Eu vi quando ele começou a boiar por esses líquidos
[caminhos.
Eu me debrucei para ele, da borda da noite,
e falei-lhe sem palavras nem ais,
e ele me respondia tão docemente,
que era felicidade esse profundo afogamento,
e tudo ficou para sempre numa divina aquiescência
entre a noite, a minha alma e as águas.

Sem podridão nenhuma, jazerá um afogado
nos canais de Amsterdão.

Não há nada que se possa cantar em sua memória:
qualquer suspiro seria uma nuvem, sobre essa nitidez.

Cronologia

1901

A 7 de novembro, nasce Cecília Benevides de Carvalho Meirelles, no Rio de Janeiro. Seus pais, Carlos Alberto de Carvalho Meirelles (falecido três meses antes do nascimento da filha) e Mathilde Benevides. Dos quatro filhos do casal, apenas Cecília sobrevive.

1904

Com a morte da mãe, passa a ser criada pela avó materna, Jacintha Garcia Benevides.

1910

Conclui com distinção o curso primário na Escola Estácio de Sá.

1912

Conclui com distinção o curso médio na Escola Estácio de Sá, premiada com medalha de ouro recebida no ano seguinte das mãos de Olavo Bilac, então inspetor escolar do Distrito Federal.

1917

Formada pela Escola Normal (Instituto de Educação), começa a exercer o magistério primário em escolas oficiais do Distrito. Estuda línguas e em seguida ingressa no Conservatório de Música.

1919

Publica o primeiro livro, *Espectros*.

1922

Casa-se com o artista plástico português Fernando Correia Dias.

1923

Publica *Nunca mais... e Poema dos poemas*. Nasce sua filha Maria Elvira.

1924

Publica o livro didático *Criança meu amor...*. Nasce sua filha Maria Mathilde.

1925

Publica *Baladas para El-Rei*. Nasce sua filha Maria Fernanda.

1927

Aproxima-se do grupo modernista que se congrega em torno da revista *Festa*.

1929

Publica a tese *O espírito vitorioso*. Começa a escrever crônicas para O *Jornal*, do Rio de Janeiro.

1930

Publica o ensaio *Saudação à menina de Portugal*. Participa ativamente do movimento de reformas do ensino e dirige, no *Diário de Notícias*, página diária dedicada a assuntos de educação (até 1933).

1934

Publica o livro *Leituras infantis*, resultado de uma pesquisa pedagógica. Cria uma biblioteca (pioneira no país) especializada em literatura infantil, no antigo Pavilhão Mourisco, na praia de Botafogo. Viaja a Portugal, onde faz conferências nas Universidades de Lisboa e Coimbra.

1935

Publica em Portugal os ensaios *Notícia da poesia brasileira* e *Batuque, samba e macumba*.
Morre Fernando Correia Dias.

1936

Trabalha no Departamento de Imprensa e Propaganda, onde dirige a revista *Travel in Brazil*. Nomeada professora de literatura luso-brasileira e mais tarde técnica e crítica literária da recém-criada Universidade do Distrito Federal, na qual permanece até 1938.

1937

Publica o livro infantojuvenil *A festa das letras*, em parceria com Josué de Castro.

1938

Publica o livro didático *Rute e Alberto resolveram ser turistas*. Conquista o prêmio Olavo Bilac de poesia da Academia Brasileira de Letras com o inédito *Viagem*.

1939

Em Lisboa, publica *Viagem*, quando adota o sobrenome literário Meireles, sem o *l* dobrado.

1940

Leciona Literatura e Cultura Brasileiras na Universidade do Texas, Estados Unidos. Profere no México conferências sobre literatura, folclore e educação. Casa-se com o agrônomo Heitor Vinicius da Silveira Grillo.

1941

Começa a escrever crônicas para *A Manhã*, do Rio de Janeiro.

1942

Publica *Vaga música*.

1944

Publica a antologia *Poetas novos de Portugal*. Viaja para o Uruguai e a Argentina. Começa a escrever crônicas para a *Folha Carioca* e o *Correio Paulistano*.

1945

Publica *Mar absoluto e outros poemas* e, em Boston, o livro didático *Rute e Alberto*.

1947

Publica em Montevidéu *Antologia poética (1923--1945)*.

1948

Publica em Portugal *Evocação lírica de Lisboa*. Passa a colaborar com a Comissão Nacional do Folclore.

1949

Publica *Retrato natural* e a biografia *Rui: pequena história de uma grande vida*. Começa a escrever crônicas para a *Folha da Manhã*, de São Paulo.

1951

Publica *Amor em Leonoreta*, em edição fora de comércio, e o livro de ensaios *Problemas da literatura infantil*.
Secretaria o Primeiro Congresso Nacional de Folclore.

1952

Publica *Doze noturnos da Holanda & O Aeronauta* e o ensaio "Artes populares" no volume em coautoria *As artes plásticas no Brasil*. Recebe o título de Doutora *Honoris Causa* da Universidade de Délhi, na Índia, e o Grau de Oficial da Ordem do Mérito, no Chile.

1953

Publica *Romanceiro da Inconfidência* e, em Haia, *Poèmes*. Começa a escrever para o suplemento literário do *Diário de Notícias*, do Rio de Janeiro, e para *O Estado de S. Paulo*.

1953-1954

Viaja para a Europa, Açores, Índia e Goa.

1955

Publica *Pequeno oratório de Santa Clara, Pistoia, cemitério militar brasileiro* e *Espelho cego*, em edições fora de comércio, e, em Portugal, o ensaio *Panorama folclórico dos Açores: especialmente da Ilha de S. Miguel.*

1956

Publica *Canções* e *Giroflê, giroflá.*

1957

Publica *Romance de Santa Cecília* e *A rosa*, em edições fora de comércio, e o ensaio *A Bíblia na poesia brasileira*. Viaja para Porto Rico.

1958

Publica *Obra poética* (poesia completa). Viaja para Israel, Grécia e Itália.

1959

Publica *Eternidade de Israel.*

1960

Publica *Metal rosicler.*

1961

Publica *Poemas escritos na Índia* e, em Nova Délhi, *Tagore and Brazil.*
Começa a escrever crônicas para o programa *Quadrante*, da Rádio Ministério da Educação e Cultura.

1962

Publica a antologia *Poesia de Israel*.

1963

Publica *Solombra* e *Antologia poética*. Começa a escrever crônicas para o programa *Vozes da cidade*, da Rádio Roquette Pinto, e para a *Folha de S.Paulo*.

1964

Publica o livro infantojuvenil *Ou isto ou aquilo*, com ilustrações de Maria Bonomi, e o livro de crônicas *Escolha o seu sonho*.
Falece a 9 de novembro, no Rio de Janeiro.

1965

Conquista, postumamente, o Prêmio Machado de Assis da Academia Brasileira de Letras, pelo conjunto de sua obra.

Bibliografia básica sobre Cecília Meireles

ANDRADE, Mário de. Cecília e a poesia. In: _____. *O empalhador de passarinho*. São Paulo: Martins, [1946].

_____. Viagem. In: _____. *O empalhador de passarinho*. São Paulo: Martins, [1946].

AZEVEDO FILHO, Leodegário A. de (Org.). Cecília Meireles. In: _____. (Org.). *Poetas do modernismo:* antologia crítica. Brasília: Instituto Nacional do Livro, 1972. v. 4.

_____. *Poesia e estilo de Cecília Meireles:* a pastora de nuvens. Rio de Janeiro: José Olympio, 1970.

_____. *Três poetas de Festa:* Tasso, Murillo e Cecília. Rio de Janeiro: Padrão, 1980.

BANDEIRA, Manuel. *Apresentação da poesia brasileira.* São Paulo: Cosac Naify, 2009.

BERABA, Ana Luiza. *América aracnídea:* teias culturais interamericanas. Rio de Janeiro: Civilização Brasileira, 2008.

BLOCH, Pedro. Cecília Meireles. *Entrevista:* vida, pensamento e obra de grandes vultos da cultura brasileira. Rio de Janeiro: Bloch, 1989.

BONAPACE, Adolphina Portella. *O Romanceiro da Inconfidência:* meditação sobre o destino do homem. Rio de Janeiro: Livraria São José, 1974.

BOSI, Alfredo. Em torno da poesia de Cecília Meireles. In: _____. *Céu, inferno:* ensaios de crítica literária e ideológica. São Paulo: Duas Cidades/Editora 34, 2003.

BRITO, Mário da Silva. Cecília Meireles. In: _____. *Poesia do Modernismo*. Rio de Janeiro: Civilização Brasileira, 1968.

CACCESE, Neusa Pinsard. *Festa:* contribuição para o estudo do Modernismo. São Paulo: Instituto de Estudos Brasileiros, 1971.

CANDIDO, Antonio; CASTELLO, José Aderaldo (Orgs.). Cecília Meireles. *Presença da literatura brasileira 3:* Modernismo. 2. ed. São Paulo: Difusão Europeia do Livro, 1967.

CARPEAUX, Otto Maria. Poesia intemporal. In: _____. *Ensaios reunidos:* 1942-1978. Rio de Janeiro: UniverCidade/Topbooks, 1999.

CASTELLO, José Aderaldo. O Grupo Festa. In: _____. *A literatura brasileira:* origens e unidade. São Paulo: EDUSP, 1999. v. 2.

CASTRO, Marcos de. Bandeira, Drummond, Cecília, os contemporâneos. In: _____. *Caminho para a leitura*. Rio de Janeiro: Record, 2005.

CAVALIERI, Ruth Villela. *Cecília Meireles:* o ser e o tempo na imagem refletida. Rio de Janeiro: Achiamé, 1984.

COELHO, Nelly Novaes. Cecília Meireles. In: _____. *Dicionário crítico da literatura infantil e juvenil brasileira.* São Paulo: Nacional, 2006.

_____. Cecília Meireles. In: _____. *Dicionário crítico de escritoras brasileiras:* 1711-2001. São Paulo: Escrituras, 2002.

_____. O "eterno instante" na poesia de Cecília Meireles. In: _____. *Tempo, solidão e morte.* São Paulo: Conselho Estadual de Cultura/Comissão e Literatura, 1964.

_____. O eterno instante na poesia de Cecília Meireles. In: _____. *A literatura feminina no Brasil contemporâneo.* São Paulo: Siciliano, 1993.

CORREIA, Roberto Alvim. Cecília Meireles. In: _____. *Anteu e a crítica:* ensaios literários. Rio de Janeiro: José Olympio, 1948.

DAMASCENO, Darcy. *Cecília Meireles:* o mundo contemplado. Rio de Janeiro: Orfeu, 1967.

_____. *De Gregório a Cecília.* Organização de Antonio Carlos Secchin e Iracilda Damasceno. Rio de Janeiro: Galo Branco, 2007.

DANTAS, José Maria de Souza. *A consciência poética de uma viagem sem fim:* a poética de Cecília Meireles. Rio de Janeiro: Eu & Você, 1984.

FAUSTINO, Mário. O livro por dentro. In: _____. *De Anchieta aos concretos.* Organização de Maria

Eugênia Boaventura. São Paulo: Companhia das Letras, 2003.

FONTELES, Graça Roriz. *Cecília Meireles:* lirismo e religiosidade. São Paulo: Scortecci, 2010.

GARCIA, Othon M. Exercício de numerologia poética: paridade numérica e geometria do sonho em um poema de Cecília Meireles. In: _____. *Esfinge clara e outros enigmas:* ensaios estilísticos. 2. ed. Rio de Janeiro: Topbooks, 1996.

GENS, Rosa (Org.). *Cecília Meireles:* o desenho da vida. Rio de Janeiro: Setor Cultural/Núcleo Interdisciplinar de Estudos da Mulher na Literatura/UFRJ, 2002.

GOLDSTEIN, Norma Seltzer. *Roteiro de leitura: Romanceiro da Inconfidência* de Cecília Meireles. São Paulo: Ática, 1988.

GOUVÊA, Leila V. B. *Cecília em Portugal:* ensaio biográfico sobre a presença de Cecília Meireles na terra de Camões, Antero e Pessoa. São Paulo: Iluminuras, 2001.

_____ (Org.). *Ensaios sobre Cecília Meireles*. São Paulo: Humanitas/FAPESP, 2007.

_____. *Pensamento e "lirismo puro" na poesia de Cecília Meireles*. São Paulo: EDUSP, 2008.

GOUVEIA, Margarida Maia. *Cecília Meireles:* uma poética do "eterno instante". Lisboa: Imprensa Nacional/Casa da Moeda, 2002.

_____. *Vitorino Nemésio e Cecília Meireles:* a ilha ancestral. Porto: Fundação Engenheiro António de

Almeida; Ponta Delgada: Casa dos Açores do Norte, 2001.

HANSEN, João Adolfo. Solombra *ou A sombra que cai sobre o eu*. São Paulo: Hedra, 2005.

LAMEGO, Valéria. *A farpa na lira:* Cecília Meireles na Revolução de 30. Rio de Janeiro: Record, 1996.

LINHARES, Temístocles. Revisão de Cecília Meireles. In: _____. *Diálogos sobre a poesia brasileira*. São Paulo: Melhoramentos, 1976.

LÔBO, Yolanda. *Cecília Meireles*. Recife: Massangana/ Fundação Joaquim Nabuco, 2010.

MALEVAL, Maria do Amparo Tavares. Cecília Meireles. In: _____. *Poesia medieval no Brasil*. Rio de Janeiro: Ágora da Ilha, 2002.

MANNA, Lúcia Helena Sgaraglia. *Pelas trilhas do Romanceiro da Inconfidência*. Niterói: EDUFF, 1985.

MARTINS, Wilson. Lutas literárias (?). In: _____. *O ano literário:* 2002-2003. Rio de Janeiro: Topbooks, 2007.

MELLO, Ana Maria Lisboa de (Org.). *A poesia metafísica no Brasil:* percursos e modulações. Porto Alegre: Libretos, 2009.

_____ (Org.). *Cecília Meireles & Murilo Mendes (1901--2001)*. Porto Alegre: Uniprom, 2002.

_____; UTÉZA, Francis. *Oriente e ocidente na poesia de Cecília Meireles*. Porto Alegre: Libretos, 2006.

MILLIET, Sérgio. *Panorama da moderna poesia brasileira*. Rio de Janeiro: Ministério da Educação e Saúde/ Serviço de Documentação, 1952.

MOISÉS, Massaud. Cecília Meireles. In: _____. *História da literatura brasileira:* Modernismo. São Paulo: Cultrix, 1989.

MONTEIRO, Adolfo Casais. Cecília Meireles. In: _____. *Figuras e problemas da literatura brasileira contemporânea*. São Paulo: Instituto de Estudos Brasileiros, 1972.

MORAES, Vinicius de. Suave amiga. In: _____. *Para uma menina com uma flor*. Rio de Janeiro: Editora do Autor, 1966.

MOREIRA, Maria Edinara Leão. *Estética e transcendência em* O estudante empírico, *de Cecília Meireles*. Passo Fundo: Editora da Universidade de Passo Fundo, 2007.

MURICY, Andrade. Cecília Meireles. In: _____. *A nova literatura brasileira:* crítica e antologia. Porto Alegre: Globo, 1936.

_____. Cecília Meireles. In: _____. *Panorama do movimento simbolista brasileiro*. 2. ed. Brasília: Conselho Federal de Cultura/Instituto Nacional do Livro, 1973. v. 2.

NEJAR, Carlos. Cecília Meireles: da fidência à Inconfidência Mineira, do *Metal rosicler* à *Solombra*. In: _____. *História da literatura brasileira:* da carta de Caminha aos contemporâneos. São Paulo: Leya, 2011.

NEMÉSIO, Vitorino. A poesia de Cecília Meireles. In: _____. *Conhecimento de poesia*. Salvador: Progresso, 1958.

NEVES, Margarida de Souza; LÔBO, Yolanda Lima; MIGNOT, Ana Chrystina Venancio (Org.). *Cecília Meireles:* a poética da educação. Rio de Janeiro: Pontifícia Universidade Católica; São Paulo: Loyola, 2001.

OLIVEIRA, Ana Maria Domingues de. *Estudo crítico da bibliografia sobre Cecília Meireles*. São Paulo: Humanitas/USP, 2001.

PAES, José Paulo. Poesia nas alturas. In: _____. *Os perigos da poesia e outros ensaios*. Rio de Janeiro: Topbooks, 1997.

PARAENSE, Sílvia. *Cecília Meireles:* mito e poesia. Santa Maria: UFSM, 1999.

PEREZ, Renard. Cecília Meireles. In: _____. *Escritores brasileiros contemporâneos – 2ª série*: 22 biografias, seguidas de antologia. 2. ed. revista e atualizada. Rio de Janeiro: Civilização Brasileira, 1971.

PICCHIO, Luciana Stegagno. A poesia atemporal de Cecília Meireles, "pastora das nuvens". In: _____. *História da literatura brasileira*. Rio de Janeiro: Nova Aguilar, 1997.

PÓLVORA, Hélio. Caminhos da poesia: Cecília. In: _____. *Graciliano, Machado, Drummond & outros*. Rio de Janeiro: Francisco Alves, 1975.

RAMOS, Péricles Eugênio da Silva. *Solombra*. In: _____. *Do Barroco ao Modernismo*: estudos de poesia brasileira. 2. ed. revista e aumentada. Rio de Janeiro: Livros Técnicos e Científicos, 1979.

RICARDO, Cassiano. *A Academia e a poesia moderna*. São Paulo: Revista dos Tribunais, 1939.

RÓNAI, Paulo. O conceito de beleza em *Mar absoluto*. In: _____. *Encontros com o Brasil*. 2. ed. Rio de Janeiro: Batel, 2009.

_____. Uma impressão sobre a poesia de Cecília Meireles. In: _____. *Encontros com o Brasil*. 2. ed. Rio de Janeiro: Batel, 2009.

SADLIER, Darlene J. *Cecília Meireles & João Alphonsus*. Brasília: André Quicé, 1984.

_____. *Imagery and Theme in the Poetry of Cecília Meireles:* a study of *Mar absoluto*. Madrid: José Porrúa Turanzas, 1983.

SECCHIN, Antonio Carlos. Cecília: a incessante canção. In: _____. *Escritos sobre poesia & alguma ficção*. Rio de Janeiro: EdUERJ, 2003.

_____. Cecília Meireles e os *Poemas escritos na Índia*. In: _____. *Memórias de um leitor de poesia & outros ensaios*. Rio de Janeiro: Topbooks/Academia Brasileira de Letras, 2010.

_____. O enigma Cecília Meireles. In: _____. *Memórias de um leitor de poesia & outros ensaios*. Rio de Janeiro: Topbooks/Academia Brasileira de Letras, 2010.

SIMÕES, João Gaspar. Cecília Meireles: *Metal rosicler*. In: _____. *Crítica II:* poetas contemporâneos (1946--1961). Lisboa: Delfos, s/d.

VERISSIMO, Erico. Entre Deus e os oprimidos. In: _____. *Breve história da literatura brasileira*. São Paulo: Globo, 1995.

VILLAÇA, Antonio Carlos. Cecília Meireles: a eternidade entre os dedos. In: _____. *Tema e voltas*. Rio de Janeiro: Hachette, 1975.

YUNES, Eliana; BINGEMER, Maria Clara L. (Org.). *Murilo, Cecília e Drummond:* 100 anos com Deus na poesia brasileira. Rio de Janeiro: Pontifícia Universidade Católica; São Paulo: Loyola, 2004.

ZAGURY, Eliane. *Cecília Meireles*. Petrópolis: Vozes, 1973.

Conheça outros títulos de Cecília Meireles publicados pela Global Editora:

O Aeronauta
Amor em Leonoreta
Antologia poética
Espectros
Ilusões do mundo
Melhores crônicas Cecília Meireles
Melhores poemas Cecília Meireles
Romanceiro da Inconfidência
Solombra
Vaga música
Viagem